Impressum
Verlag: BABADADA GmbH, Nedderfeld 112 , 22529 Hamburg
Geschäftsführer / Verlagsleitung: Harald Hof
Druck: Books on Demand GmbH, In de Tarpen 42, 22848 Norderstedt

Imprint
Publisher: BABADADA GmbH, Nedderfeld 112 , 22529 Hamburg, Germany
Managing Director / Publishing direction: Harald Hof
Print: Books on Demand GmbH, In de Tarpen 42, 22848 Norderstedt

escola

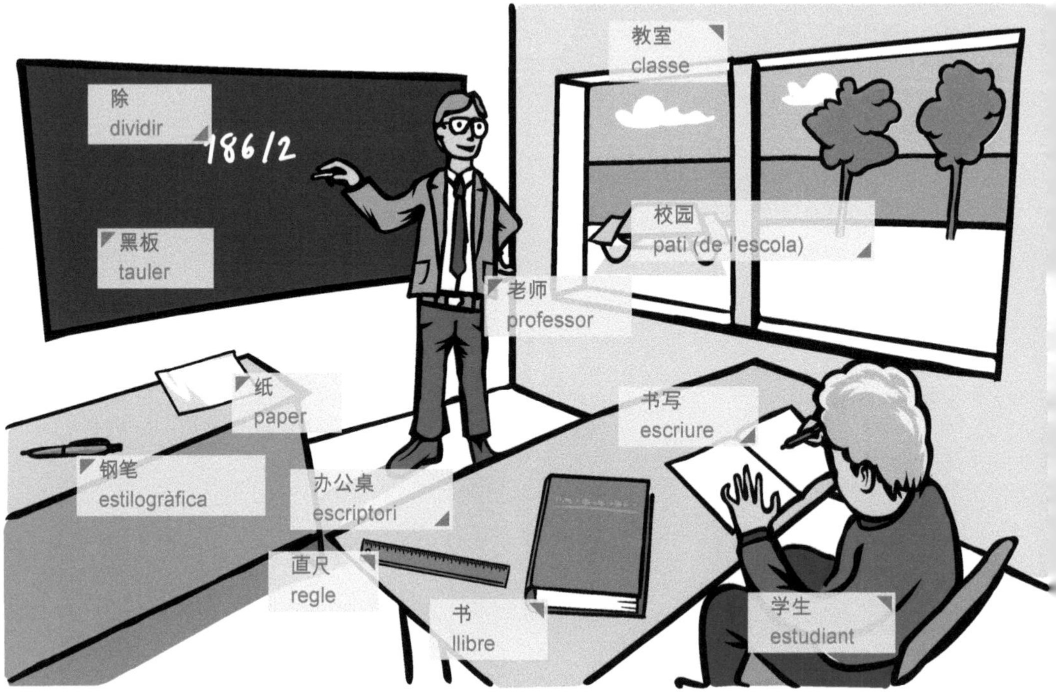
教室
classe
除
dividir
186/2
黑板
tauler
校园
pati (de l'escola)
老师
professor
纸
paper
书写
escriure
钢笔
estilogràfica
办公桌
escriptori
直尺
regle
书
llibre
学生
estudiant

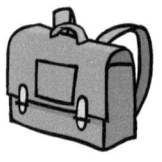

书包
bossa

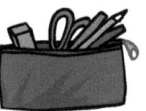

铅笔盒
estoig

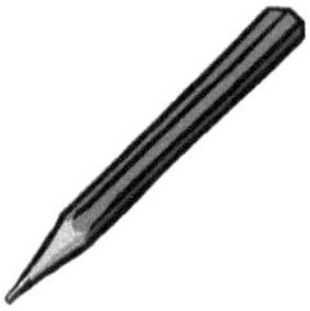

铅笔
llapis

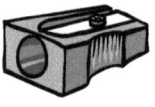

卷笔刀
maquineta de fer punta

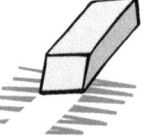

橡皮擦
goma

画板
bloc de dibuix

图画
dibuix

画笔
pinzell

颜料盒
capsa de pintures

剪刀
tisores

胶水
cola

练习册
quadern d'exercicis

家庭作业
deures

数字
nombre

加
afegir

减
sostreure

乘
multiplicar

计算
calcular

字母
lletra

字母表
alfabet

字
mot

课文
text

读
llegir

粉笔
guix

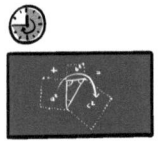

上课
lliçó

登记
llibre de classe

考试
examen

证书
certificat

校服
uniforme escolar

教育
formació

百科全书
enciclopèdia

大学
universitat

显微镜
microscopi

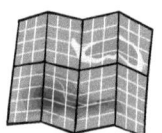

地图
mapa

废纸筐
paperera

旅行

viatge

Grand
酒店
hotel
青年旅社
alberg
ROOMS
CHANGE
外币兑换处
oficina de canvi
手提箱
maleta
汽车
automòbil

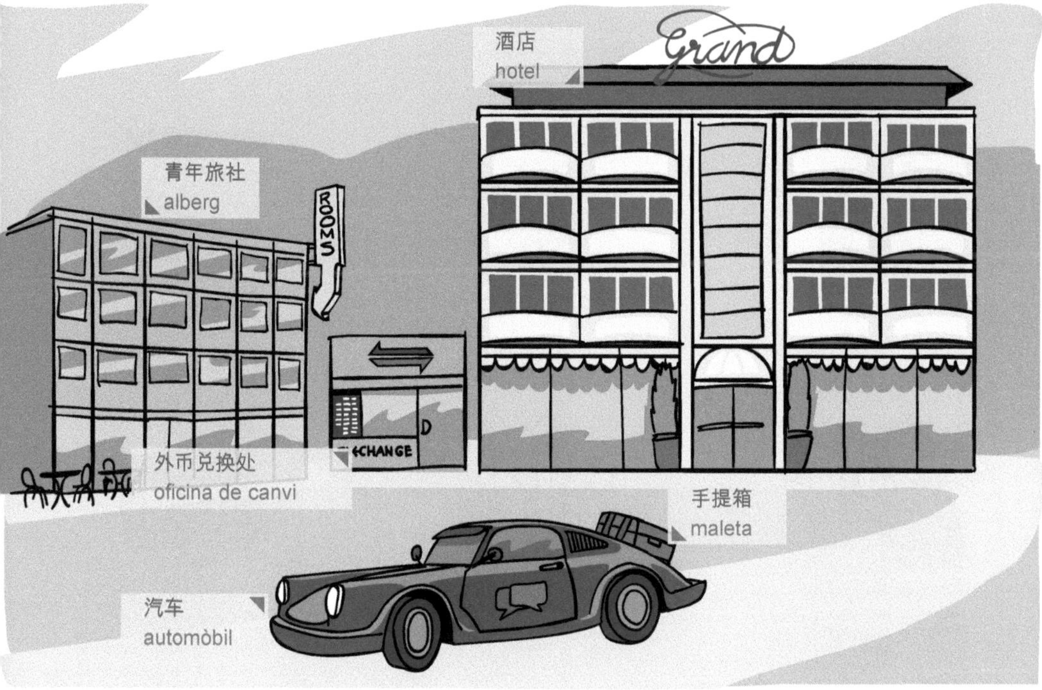

语言

llengua

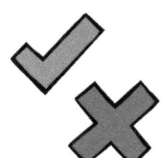

是/否

sí / no

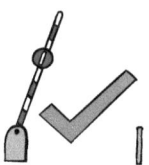

好的

D'acord

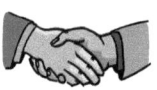

您好

Ey!

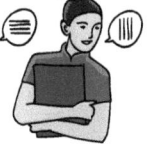

翻译员

traductora

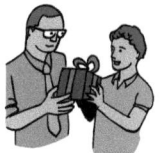

谢谢

gràcies

……多少钱？

Quant costa…？

我不明白

No entenc

问题

problema

晚上好！

Bona nit!

早上好！

bon dia!

晚安！

bona nit!

再见

fins aviat

方向

direcció

行李

bagatge

包

bossa

双肩包

sarrona

客人

convidat

房间

cambra

睡袋

sac de dormir

帐篷

tenda

旅游信息

oficina de turisme

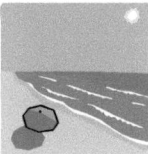

海滩

platja

信用卡

carta de crèdit

早餐

esmorzar

午餐

dinar

晚餐

sopar

票

bitllet

电梯

ascensor

邮票

segell

边界

frontera

海关

duana

大使馆

ambaixada

签证

visat

护照

passaport

交通运输
transport

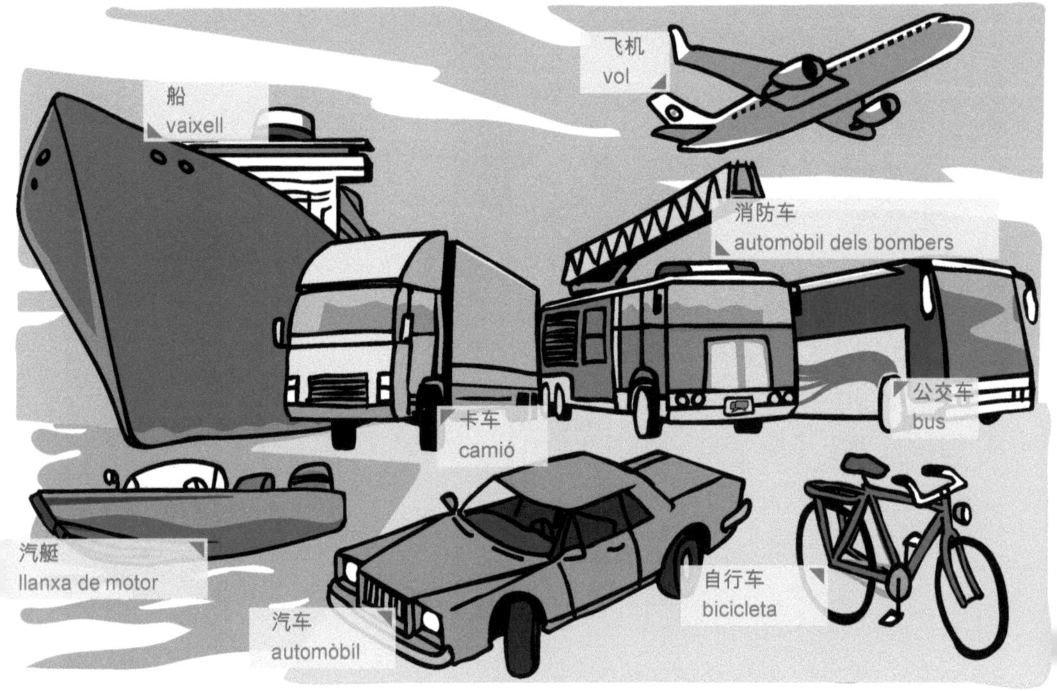
飞机
vol
船
vaixell
消防车
automòbil dels bombers
公交车
bus
卡车
camió
汽艇
llanxa de motor
自行车
bicicleta
汽车
automòbil

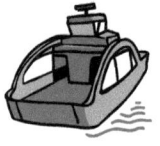

摆渡船
transbordador

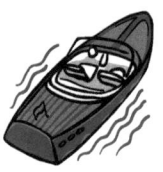

小船
barca

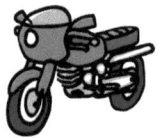

摩托车
moto

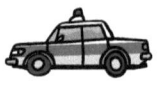

警车
automòbil de policia

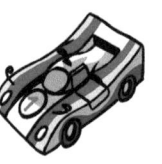

赛车
automòbil de curses

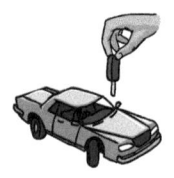

租车
automòbil de lloguer

拼车

vehicle compartit

拖车

grua

垃圾车

camió de les escombraries

发动机

motor

汽油

benzina

加油站

benzineria

交通标志

senyal de trànsit

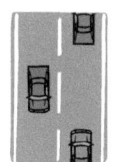

交通

trànsit

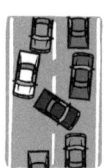

交通堵塞

embús

停车场

aparcament

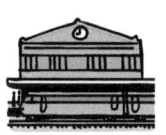

火车站

estació de trens

轨道

vies

火车

tren

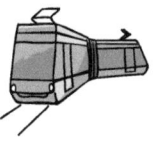

电车

tramvia

货车

vagó

直升机
helicòpter

机场
aeroport

塔
torre

乘客
passatger

集装箱
contenidor

纸板箱
capsa de cartó

手推车
carretó

篮子
cistella

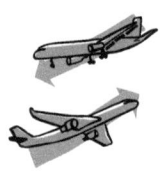

起飞/降落
enlairar-se / aterrar

城市

ciutat

村庄
poble

市中心
centre de la ciutat

房子
casa

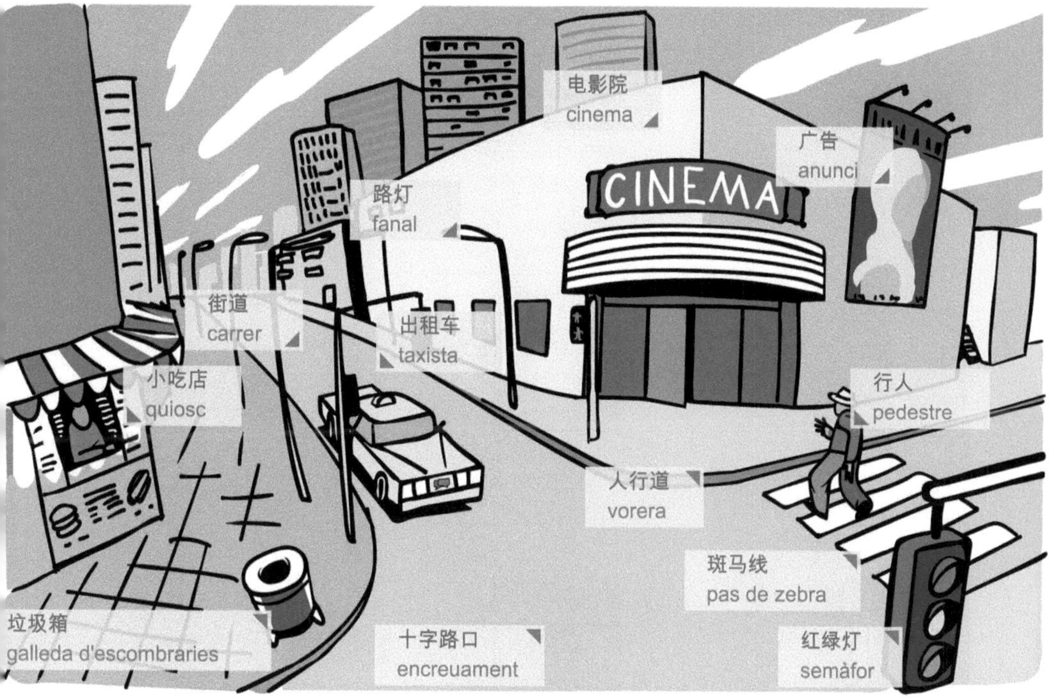

电影院
cinema
广告
anunci
CINEMA
路灯
fanal
街道
carrer
出租车
taxista
小吃店
quiosc
行人
pedestre
人行道
vorera
斑马线
pas de zebra
垃圾箱
galleda d'escombraries
十字路口
encreuament
红绿灯
semàfor

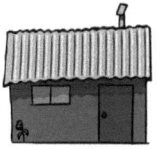

小屋

cabana

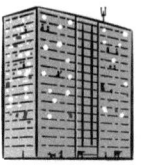

公寓

apartament

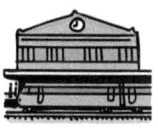

火车站

estació de trens

市政厅

casa de la vila-ciutat

MUSEUM

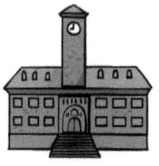

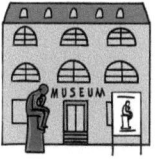

博物馆

museu

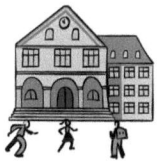

学校

escola

大学

universitat

银行

banca

医院

hospital

酒店

hotel

药房

farmàcia

办公室

oficina

书店

llibreria

商店

botiga

花店

floristeria

超市

supermercat

市场

mercat

百货商店

gran magatzem

鱼店

peixateria

购物中心

centre comercial

海港

port

公园

parc

长凳

banc

桥

pont

楼梯

escala

地铁

metro

隧道

túnel

公交车站

parada d'autobús

酒吧

bar

餐馆

restaurant

邮筒

bústia de correu

路标

senyal indicador

停车计时器

parquímetre

动物园

zoo

游泳馆

piscina

清真寺

mesquita

城市 - ciutat

农场

granja

污染

pol·lució

墓地

cementiri

教堂

església

操场

parc infantil

寺庙

temple

地形
paisatge

树叶
fulla

指示牌
cartell indicador

路
camí

草地
prat

石头
pedra

树
arbre

徒步旅行者
excursionista

河
riu

草
gespa

花
flor

峡谷

vall

山

muntanya

湖

llac

森林

bosc

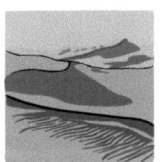

沙漠

desert

火山

volcà

城堡

castell

彩虹

arc de Sant Martí

蘑菇

bolet

棕榈树

palmera

蚊子

moscard

苍蝇

mosca

蚂蚁

formiga

蜜蜂

abella

蜘蛛

aranya

甲虫

escarabat

青蛙

granota

松鼠

esquirol

刺猬

eriçó

野兔

llebre

猫头鹰

òliba

鸟

ocell

天鹅

cigne

野猪

senglar

鹿

cervo

麋鹿

ant

水坝

presa

风力发电机

turbina

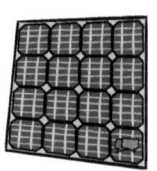

太阳能电池板

panell solar

气候

clima

餐馆

restaurant

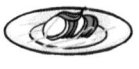

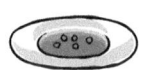

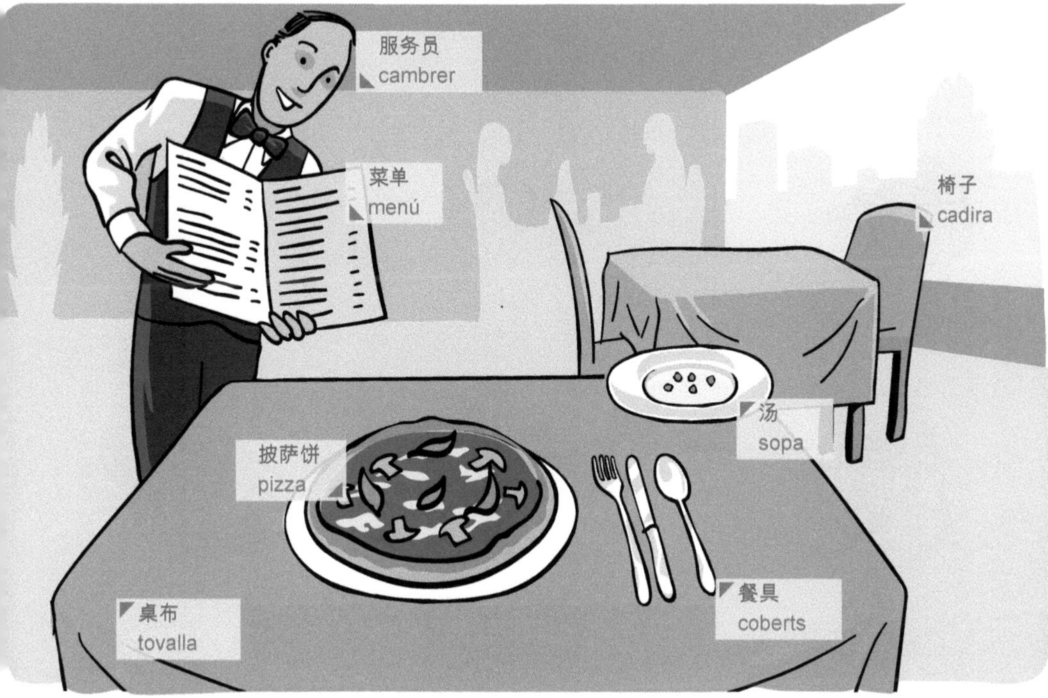
服务员
cambrer
菜单
menú
椅子
cadira
汤
sopa
披萨饼
pizza
桌布
tovalla
餐具
coberts

前菜

primer plat

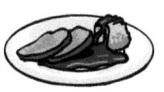

主菜

plat principal

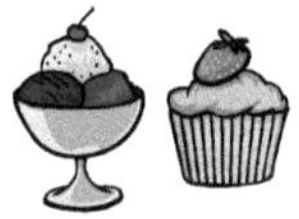

甜点

darreries

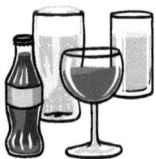

饮料

begudes

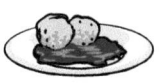

食物

menjar

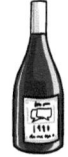

瓶子

ampolla

快餐

menjar ràpid

街边小吃

menjar de carrer

茶壶

tetera

糖盒

sucrer

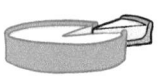

一份饭菜

porció

意式咖啡机

màquina d'espresso

高脚椅

trona

账单

factura

托盘

plata

刀

ganivet

餐叉

forqueta

勺子

cullera

茶匙

cullereta

餐巾

tovalló

玻璃杯

got

餐馆 - restaurant

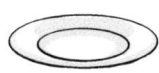

碟子

plat

汤盘

plat de sopa

碟子

plateret

酱

salsa

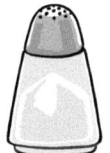

盐瓶

saler

胡椒磨

molinet de pebre

醋

vinagre

食用油

oli

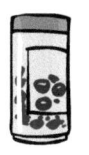

调味料

espècies

番茄酱

quètxup

芥末

mostassa

蛋黄酱

maionesa

超市

supermercat

特价
oferta especial
顾客
client
乳制品
productes lactis
水果
fruites
购物车
carret de la compra
FOR

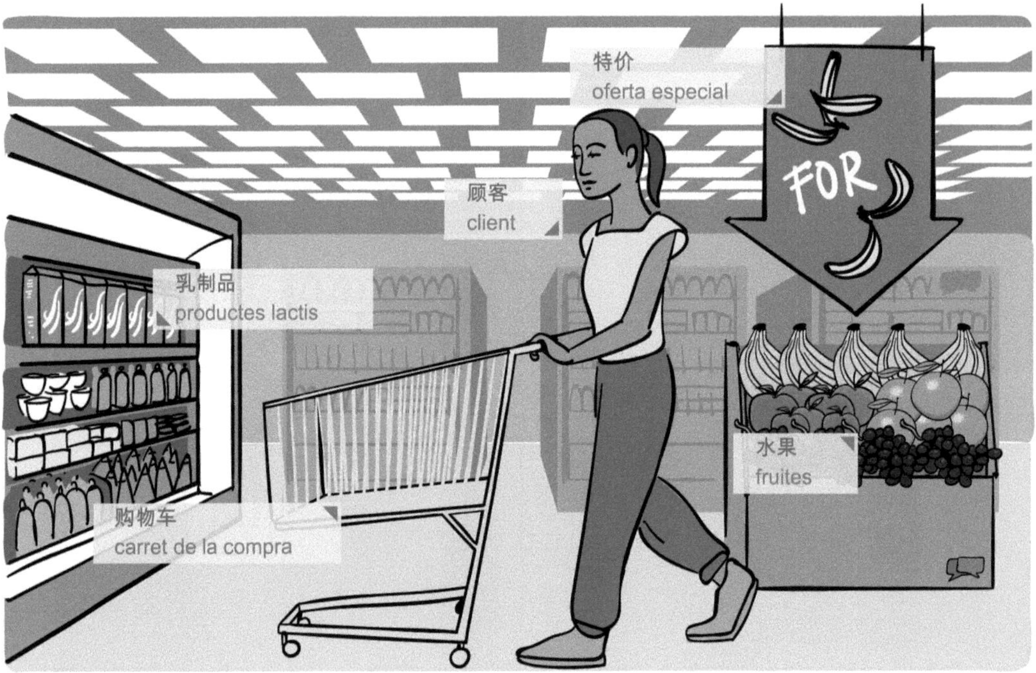

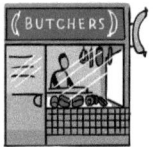

BUTCHERS

肉铺

carnisseria

BAKERY

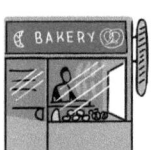

面包房

forn de pa

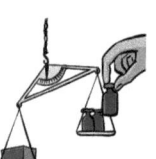

称重

pesar

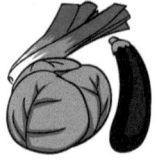

蔬菜

verdures

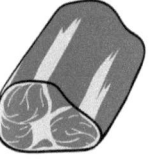

肉

carn

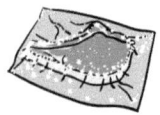

冷冻食品

menjar congelat

冷盘

carn freda

罐头食品

conserves

洗衣粉

detergent en pols

甜食

dolços

日用品

articles domèstics

清洁用品

productes de neteja

销售员

venedora

收银机

caixa registradora

收银员

caixera

购物清单

llista de la compra

开放时间

horari d'obertura

钱包

portamonedes

信用卡

carta de crèdit

袋子

bossa

塑料袋

bossa de plàstic

超市 - supermercat

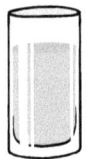

水

aigua

果汁

suc

牛奶

llet

可乐

coca-cola

红酒

vi

啤酒

cervesa

酒

alcohol

可可

cacau

茶

te

咖啡

cafè

意式浓缩咖啡

espresso

卡布奇诺

cappuccino

香蕉

banana

苹果

poma

橙子

taronja

西瓜

síndria

柠檬

llimona

胡萝卜

pastanaga

大蒜

all

竹子

bambú

洋葱

ceba

蘑菇

bolet

坚果

avellanes

面条

fideus

意大利面条

espaguetis

米饭

arròs

沙拉

amanida

薯条

patates fregides

炸土豆

patates fregides

披萨饼

pizza

汉堡包

hamburguesa

三明治

entrepà

炸猪排

escalopa

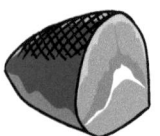

火腿

cuixot

萨拉米

salami

香肠

salsitxa

鸡肉

pollastre

烤肉

rostit

鱼

peix

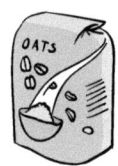

燕麦片

flocs de civada

穆兹利

musli

玉米片

cereals

面粉

farina

羊角面包

croissant

面包卷

panet

面包

pa

烤面包

torrada

饼干

bescuits

黄油

mantega

凝乳

mató

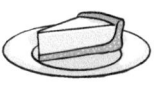

蛋糕

pastís

蛋

ou

煎蛋

ou fregit

奶酪

formatge

冰激凌

gelat

糖

sucre

蜂蜜

mel

果酱

melmelada

巧克力酱

crema de xocolata

咖喱饭

curri

农场

granja

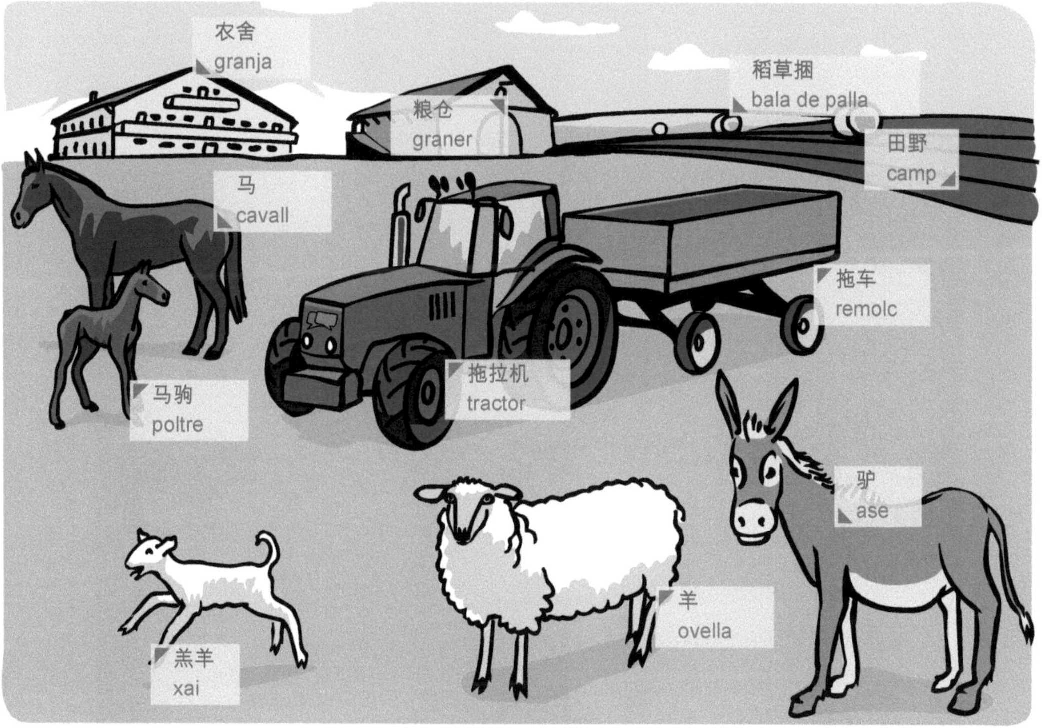
农舍
granja
粮仓
graner
稻草捆
bala de palla
田野
camp
马
cavall
拖车
remolc
拖拉机
tractor
马驹
poltre
驴
ase
羊
ovella
羔羊
xai

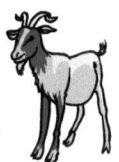

山羊

cabra

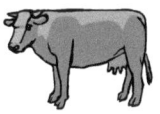

奶牛

vaca

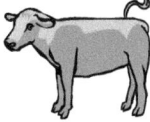

牛犊

vedella

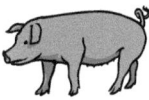

猪

porc

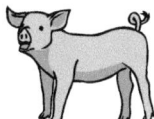

小猪

garrí

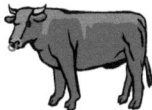

公牛

bou

鹅
oca

鸭
ànec

小鸡
poll

母鸡
gall

公鸡
gallina

鼠
rata

猫
gat

老鼠
ratolí

牛
bou

狗
gos

狗屋
gossera

花园浇水软管
mànega de regar

洒水壶
regadora

长柄大镰刀
dalla

犁
arada

镰刀

falç

锄头

aixada

长柄草耙

forca

斧头

destral

独轮手推车

carretó

饲料槽

abeurador

牛奶罐

lletera

麻布袋

sac

栅栏

tanca

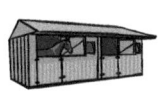

马厩

establa

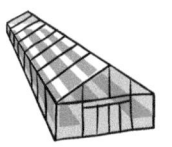

温室

hivernacle

土壤

sòl

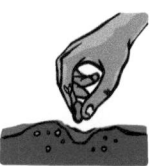

种子

llavor

肥料

adob

联合收割机

collidora

收割

collir

收割

collita

山药

nyam

小麦

blat

大豆

soja

土豆

patata

玉米

blat de moro o d'indi

油菜籽

colza

果树

arbre fruiter

树薯

mandioca

谷物

cereals

房子

casa

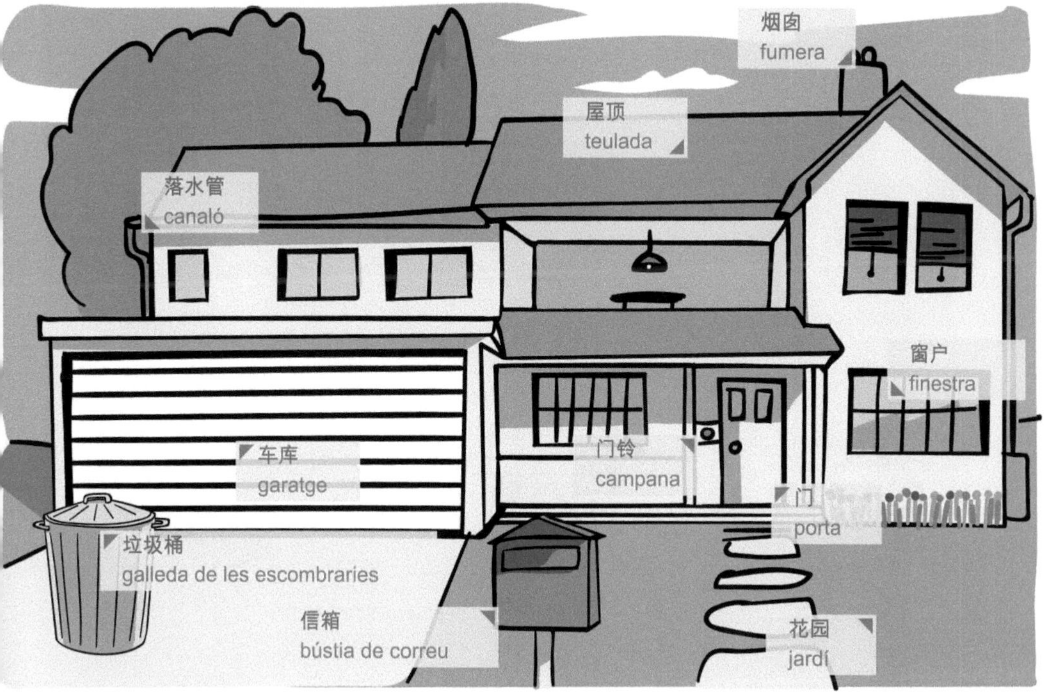

烟囱
fumera
屋顶
teulada
落水管
canaló
窗户
finestra
车库
garatge
门铃
campana
门
porta
垃圾桶
galleda de les escombraries
信箱
bústia de correu
花园
jardí

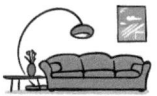

客厅

sala d'estar

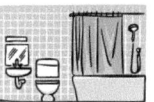

浴室

bany

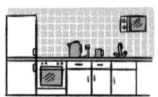

厨房

cuina

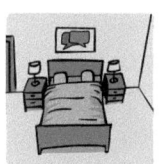

卧室

cambra de dormir

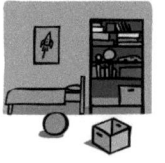

儿童房

cambra de nen

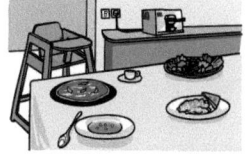

餐厅

menjador

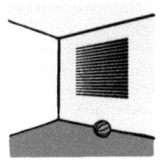

地板
sòl

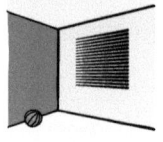

墙壁
paret

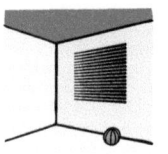

吊顶
sostre

地窖
soterrani

桑拿
sauna

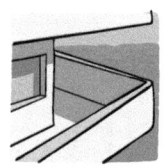

阳台
balcó

露台
terrassa

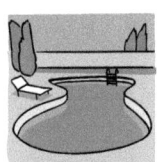

游泳池
piscina

割草机
tallagespa

被单
vànova

床罩
cobrellit

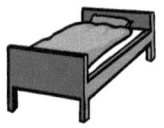

床
llit

扫帚
escombra

水桶
galleda

开关
interruptor

客厅
sala d'estar

壁纸
paper de paret
照片
quadre
台灯
làmpada
搁架
prestatge
橱柜
armari
电视机
televisor
壁炉
escalfapanxes
花
flor
垫子
coixí
沙发
sofà
花瓶
gerro
遥控器
telecomanda

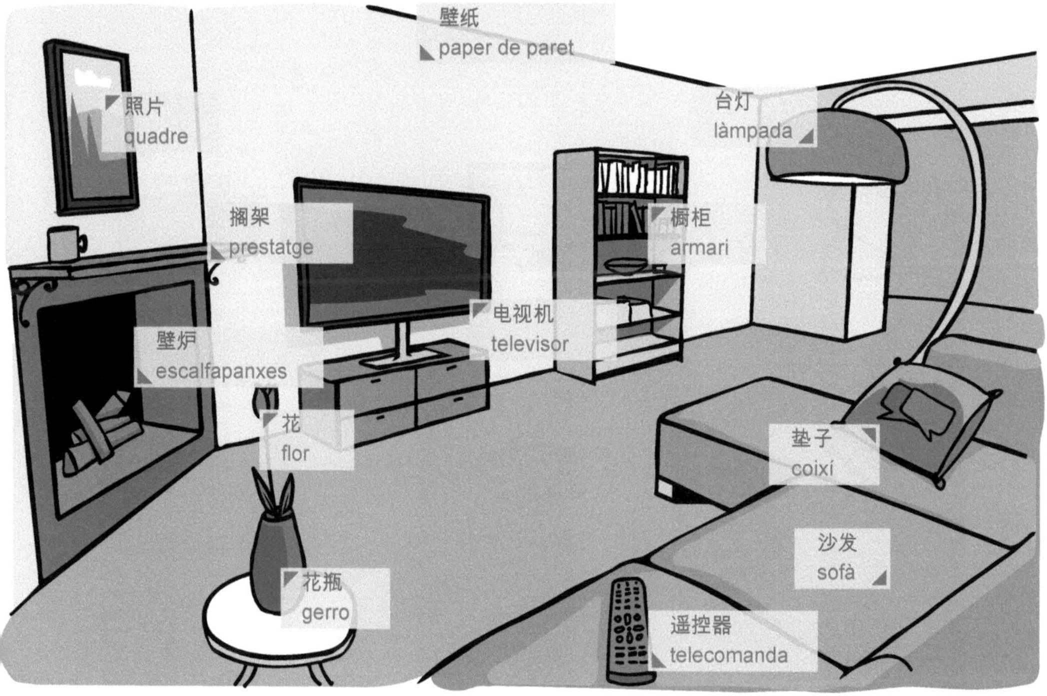

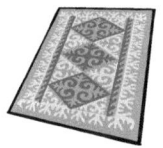

地毯
catifa

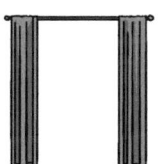

窗帘
cortina

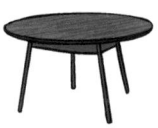

餐桌
taula

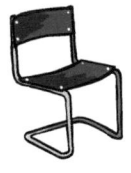

椅子
cadira

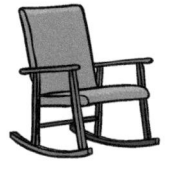

摇椅
cadira gronxadora

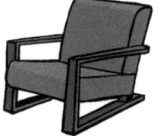

扶手椅
cadiral

书

llibre

毯子

llençol

装饰品

decoració

木柴

llenya

电影

film

高保真音响

cadena de música

钥匙

clau

报纸

diari

油画

pintura

海报

cartell

收音机

ràdio

笔记本

bloc de notes

吸尘器

aspiradora

仙人掌

cactus

蜡烛

candela

厨房
cuina

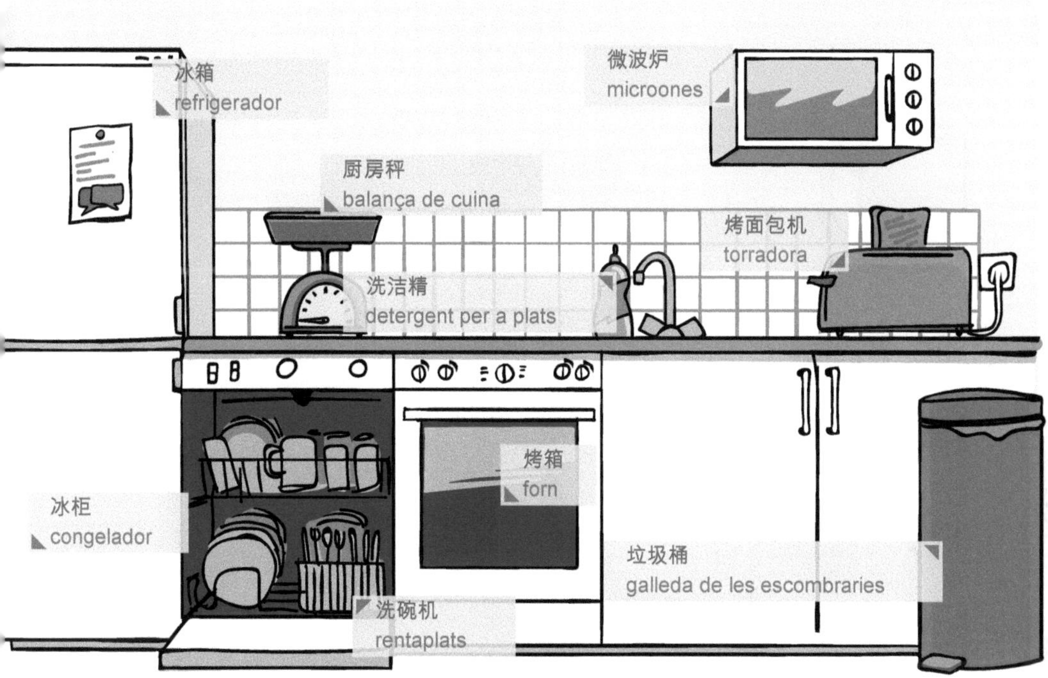
冰箱
refrigerador
微波炉
microones
厨房秤
balança de cuina
烤面包机
torradora
洗洁精
detergent per a plats
烤箱
forn
冰柜
congelador
垃圾桶
galleda de les escombraries
洗碗机
rentaplats

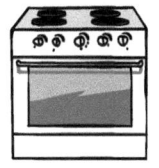

炊具

cuina de fogons

锅

olla

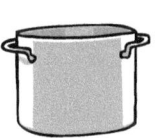

铸铁锅

olla de ferro colat

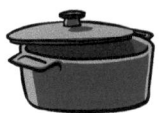

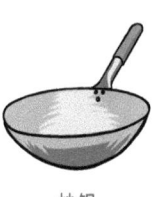

炒锅

wok / karahi

平底锅

paella

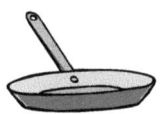

水壶

bullidor

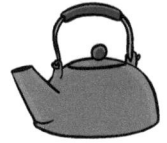

蒸锅

olla de vapor

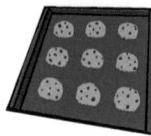

烤盘

plata de forn

陶瓷锅

vaixella

马克杯

tassa grossa

碗

bol

筷子

bastonets xinesos

长柄勺

culler

铲子

espàtula

搅拌器

batedor

滤网

colador

筛子

sedàs

磨碎机

ratllador

研钵

morter

烧烤

barbacoa

明火

foc a terra

菜板

taula de tallar

擀面杖

corró

开瓶器

llevataps

罐子

pot de conserva

开罐器

obridor

隔热手套

agafador

水槽

aigüera

刷子

raspall

海绵

esponja

搅拌机

batedora

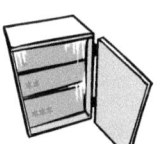

冷藏箱

congelador

奶瓶

biberó

水龙头

aixeta

浴室
bany

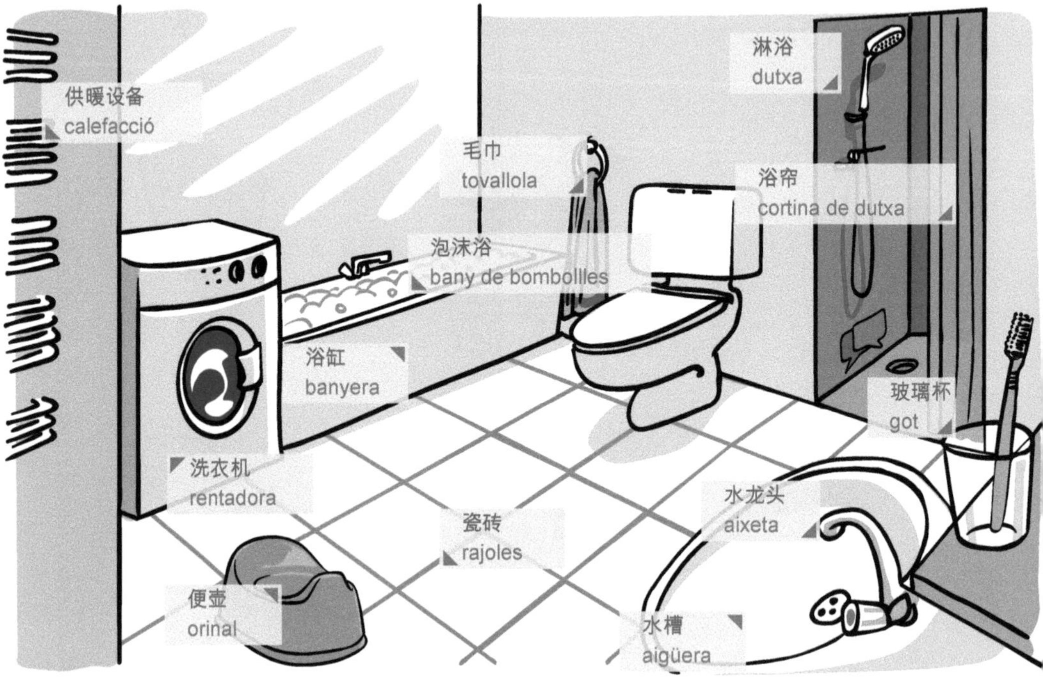

供暖设备
calefacció
毛巾
tovallola
淋浴
dutxa
浴帘
cortina de dutxa
泡沫浴
bany de bombollles
浴缸
banyera
玻璃杯
got
洗衣机
rentadora
水龙头
aixeta
瓷砖
rajoles
便壶
orinal
水槽
aigüera

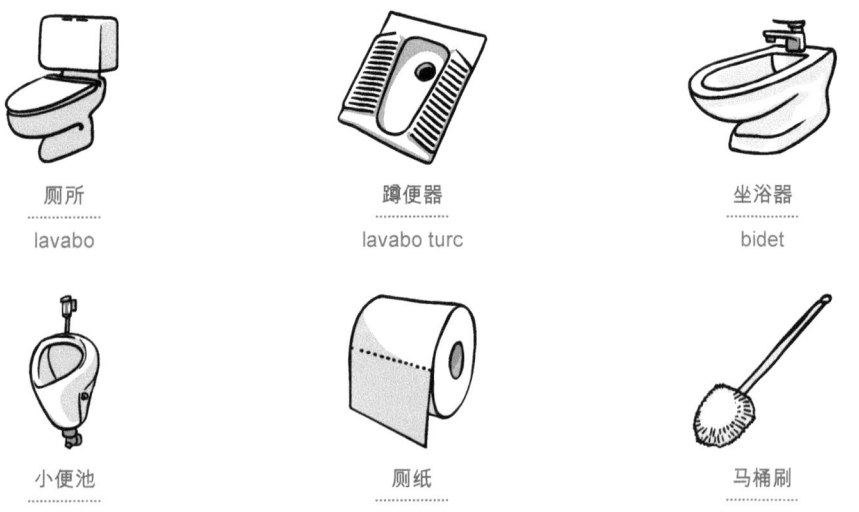

厕所
lavabo

蹲便器
lavabo turc

坐浴器
bidet

小便池
orinador

厕纸
paper higiènic

马桶刷
escombreta de sanitari

牙刷
raspall de dents

牙膏
pasta de dents

牙线
fil dental

洗
rentar

手持式喷淋头
pom de dutxa

冲洗器
dutxa íntima

洗脸盆
rentamans

擦背刷
raspall per a l'esquena

肥皂
sabó

沐浴露
gel de dutxa

洗发水
xampú

法兰绒
manyopla de bany

排水
bonera

乳霜
crema

除臭剂
desodorant

镜子

mirall

手镜

mirall-espill de mà

剃须刀

maquineta de rasar

剃须泡沫

espuma de barbejar

须后水

loció post-rasada

梳子

pinta

刷子

raspall

吹风机

eixugador

喷发定型剂

laca

化妆品

maquillatge

唇膏

pintallavis

指甲油

esmalt d'ungles

化妆棉

cotó

指甲剪

tallaungles

香水

perfum

洗漱包

estoig de bellesa

凳子

tamboret

计重秤

bàscula

浴袍

barnús

橡胶手套

guants de goma

卫生棉条

compresa higiènica

卫生巾

compresa

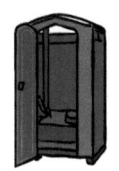

化学厕所

sanitari químic

浴室 - bany

儿童房
cambra de nen

闹钟
despertador
毛绒玩具
animal de peluix
玩具车
auto de joguina
拨浪鼓
sonall
玩具屋
casa de nines
礼物
present

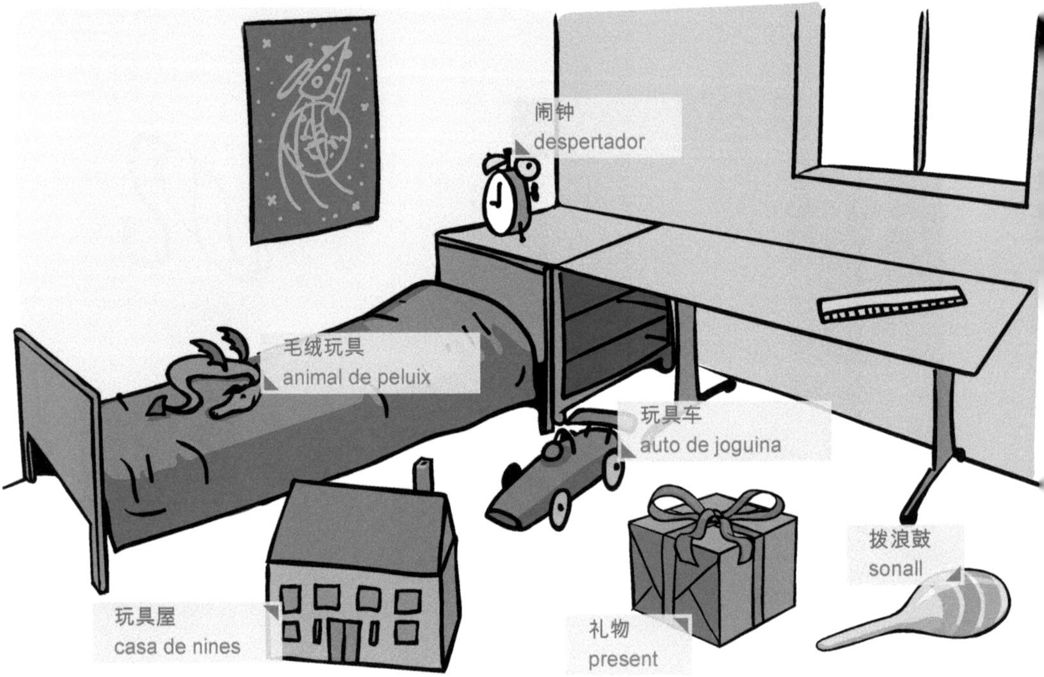

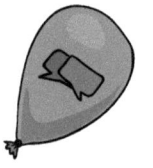

气球
baló

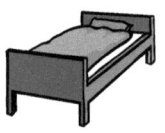

床
llit

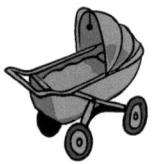

（洋娃娃用）婴儿车
cotxet per a nens

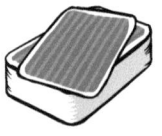

扑克牌
joc de cartes

拼图
trencaclosca

SUPER
MEGA
漫画
historieta

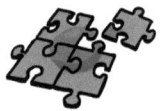

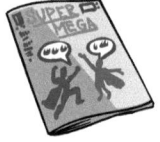

乐高积木

peces de lego

积木玩具

peces de construcció

玩具人

ninot d'acció

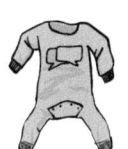

婴儿服

granota

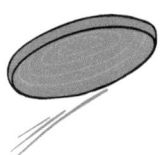

飞盘

frisbee

床铃玩具

mòbil per a bressol

棋盘游戏

joc de taula

骰子

daus

火车模型

tren elèctric

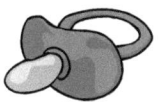

安抚奶嘴

xumet

聚会

festa

绘本

llibre de dibuixos

球

pilota

洋娃娃

nina

玩

jugar

沙坑

sorrera

秋千

gronxador

玩具

joguines

游戏机

consola de jocs de vídeo

三轮车

tricicle

泰迪熊

osset de peluix

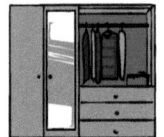

衣柜

armari

衣服

roba

袜子

mitjons

长袜

mitges

紧身裤

mitja pantaló

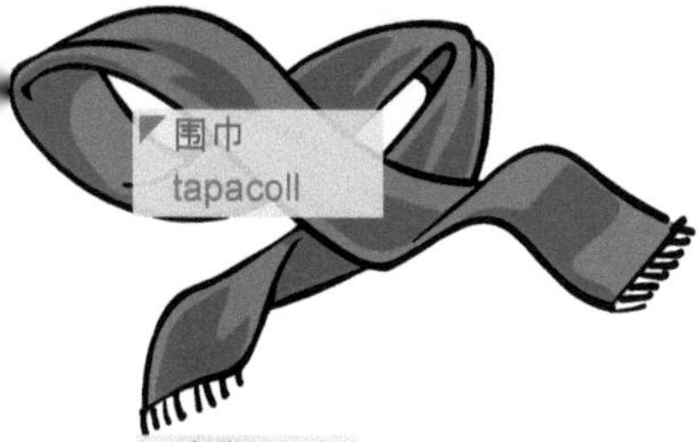

围巾
tapacoll

雨伞
paraigua

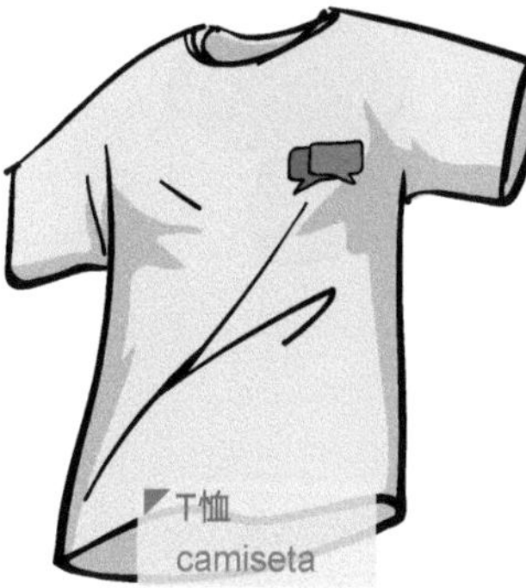

T恤
camiseta

皮带
cintura

靴子
botes

拖鞋
plantofes

运动鞋
sabates d'esport

凉鞋

sandàlies

鞋

sabates

雨靴

botes de goma

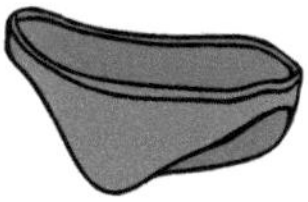

内裤

calçonets

胸罩

sostenidor

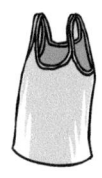

背心

guardapits

身体
jjustacòs

裤子
pantalons

牛仔裤
jeans

短裙
faldeta

女式衬衫
brusa

衬衫
camisa

套头衫
jersei

卫衣
dessuadora

西装夹克
blazer

夹克
jaqueta

外套
mantell

雨衣
impermeable

套装
vestit de dona

连衣裙
vestit de dona

婚纱
vestit de núvia

46   衣服 - roba

西装
vestit d'home

睡袍
camisa de dormir

睡衣
pijama

莎丽
sari

头巾
mocador de cap

包头巾
turbant

波卡
burca

卡夫坦
caftan

(阿拉伯式)长袍
abaia

泳衣
vestit de bany

男式泳裤
calçon(et)s de bany

短裤
pantalons curts

运动服
xandall

围裙
davantal

手套
guants

纽扣

botó

眼镜

ulleres

手链

braçalet

项链

collaret

戒指

anell

耳环

orellera

便帽

casquet

衣架

penjador

帽子

capell

领带

corbata

拉链

cremallera

头盔

casc

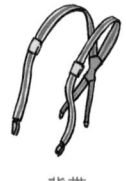

背带

elàstics

校服

uniforme escolar

制服

uniforme

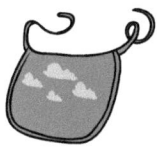

围兜
pitet

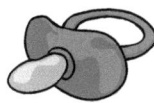

安抚奶嘴
xumet

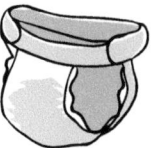

尿不湿
bolquer

办公室
oficina

服务器
servidor
文件柜
armari arxivador
打印机
impressora
纸
paper
显示屏
monitor
鼠标
ratolí
办公桌
escriptori
文件夹
arxivador
键盘
teclat
废纸篓
paperera
电脑
ordinador
椅子
cadira

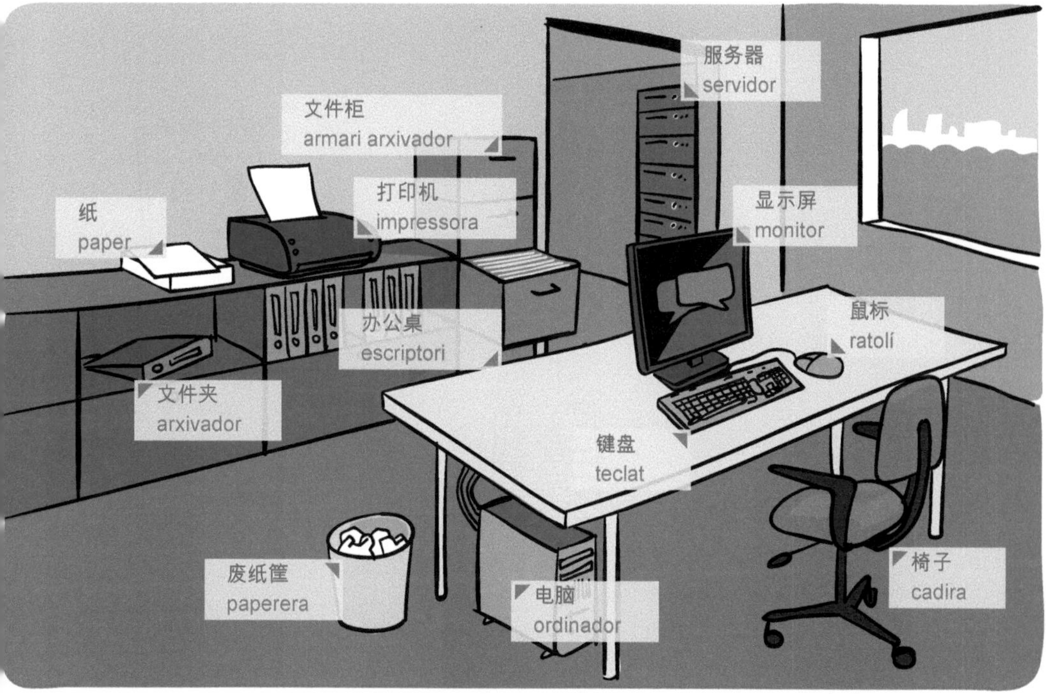

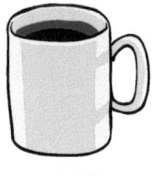

咖啡杯
tassa de cafè

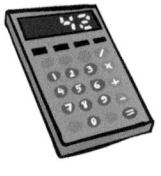

计算器
calculadora

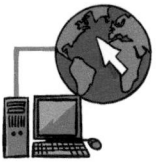

因特网
Internet

笔记本电脑

ordinador portàtil

信件

lletra

消息

missatge

手机

mòbil

网络

xarxa

复印机

fotocopiadora

软件

programari

电话

telèfon

插座

presa de corrent

传真机

fax

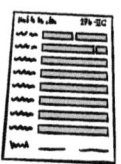

表格

formulari

文件

document

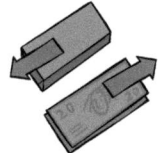

买

comprar

付钱

pagar

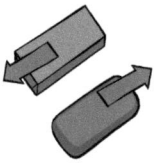

交易

comerciar

现金

diners

美元

dòlar

欧元

euro

日元

ien

卢布

ruble

瑞士法郎

franc suís

人民币

renminbi

卢比

rupia

提款处

caixa automàtica

外币兑换处

oficina de canvi

金

or

银

argent

石油

petroli

能源

energia

价格

preu

合同

contracte

税金

impost

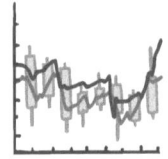

股票

acció

工作

treballar

职员

treballador

老板

empresari

工厂

fàbrica

商店

botiga

职业
oficis

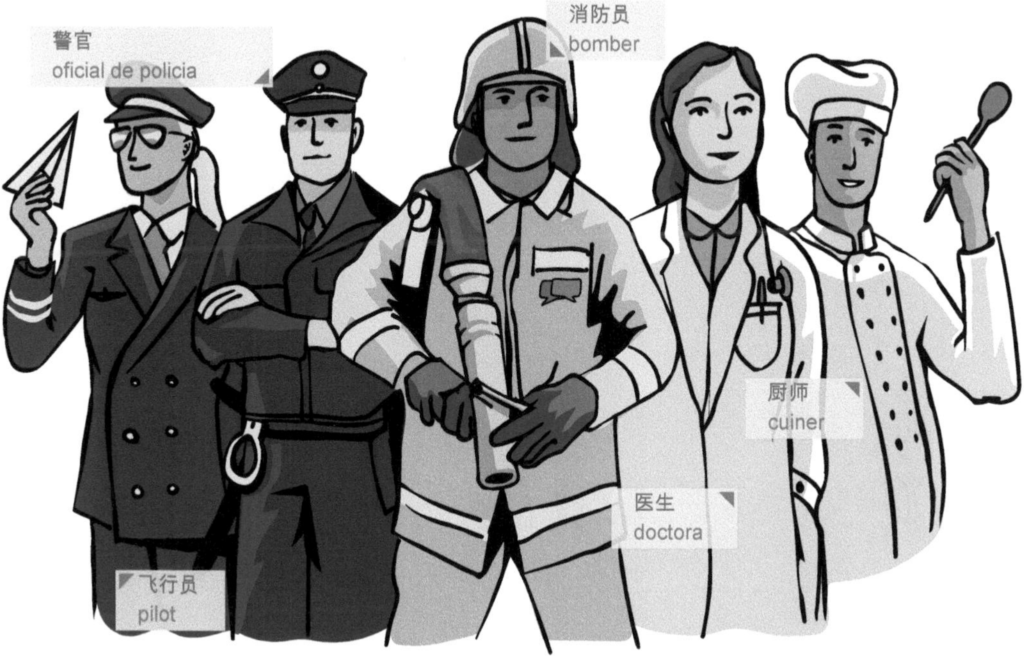
消防员
bomber
警官
oficial de policia
厨师
cuiner
医生
doctora
飞行员
pilot

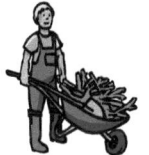

园丁

jardiner

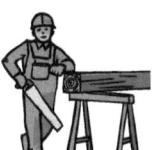

木匠

fuster

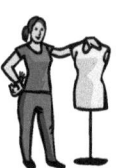

裁缝

costurera

法官

jutge

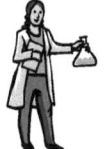

化学家

química

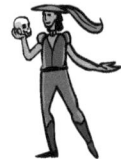

演员

actor

公交车司机

conductor d'autobús

出租车司机

taxista

渔夫

pescador

清洁女工

dona de la neteja

屋顶工

ensostrador

服务员

cambrer

猎人

caçador

画家

pintor

面包师

forner

电工

electricista

建筑工人

obrer de la construcció

工程师

enginyer

屠夫

carnisser

水管工

llanterner

邮递员

correu

士兵

soldat

建筑师

arquitecte

收银员

caixera

花农

florista

理发师

perruquer

售票员

revisor

机械师

mecànic

船长

capità

牙医

dentista

科学家

científic

拉比

rabí

伊玛目

imam

和尚

monjo

牧师

capellà

工具

eines

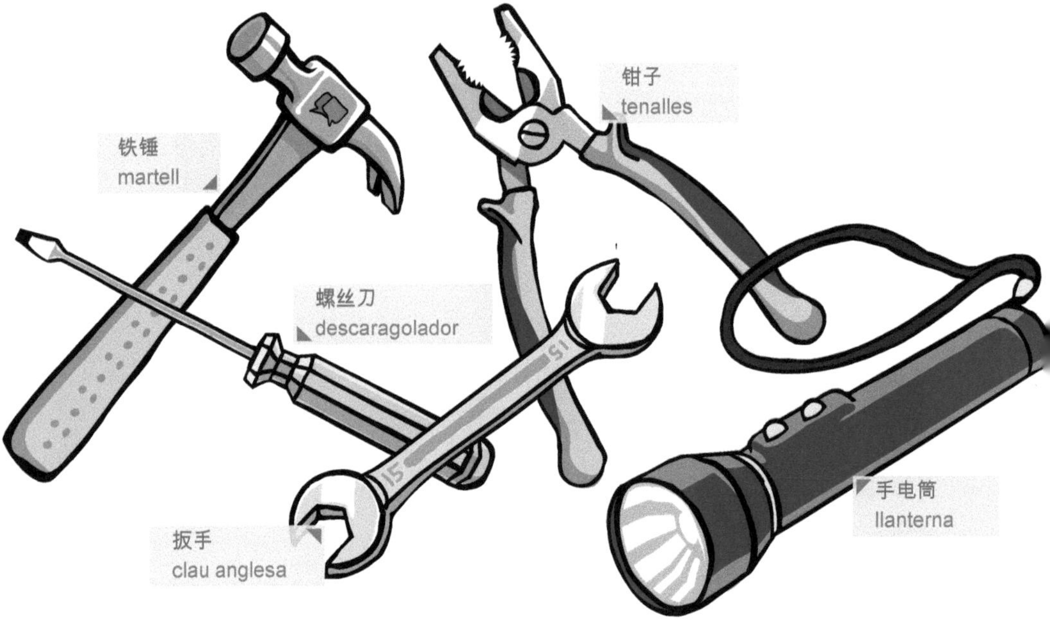

铁锤
martell

钳子
tenalles

螺丝刀
descaragolador

手电筒
llanterna

扳手
clau anglesa

挖掘机

excavadora

工具箱

caixa d'eines

梯子

escala

锯子

serra

钉子

claus

钻机

trepant

修
reparar

铲子
pala

靠！
Maleït siga!

簸箕
pala

油漆桶
pot de pintura

螺丝
caragols

乐器
instrument de música

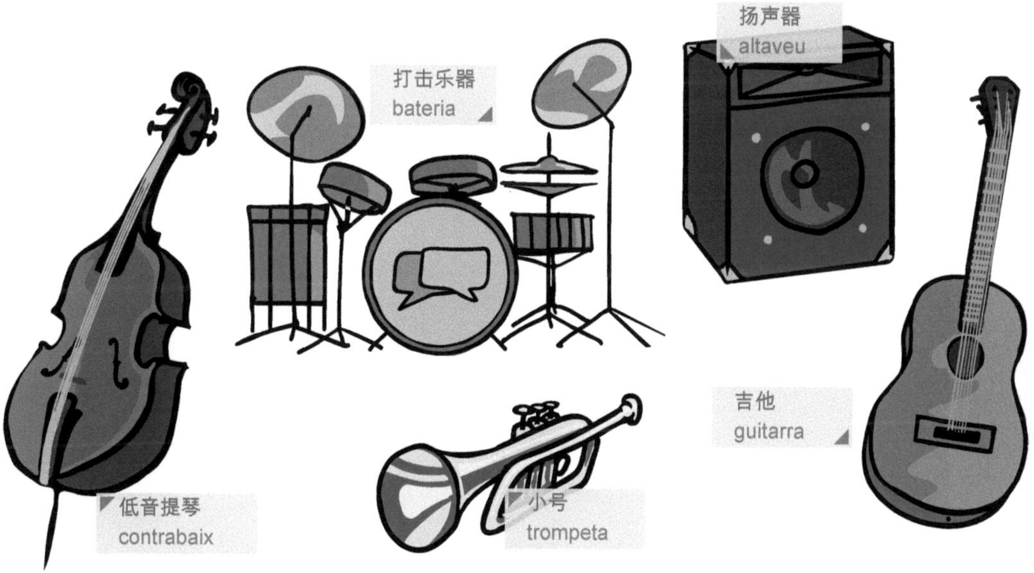

打击乐器
bateria

扬声器
altaveu

吉他
guitarra

低音提琴
contrabaix

小号
trompeta

钢琴

piano

小提琴

violí

贝斯

baix

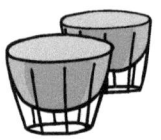

定音鼓

timbal

鼓

tambor

电子琴

teclat

萨克斯管

saxofon

长笛

flauta

麦克风

micròfon

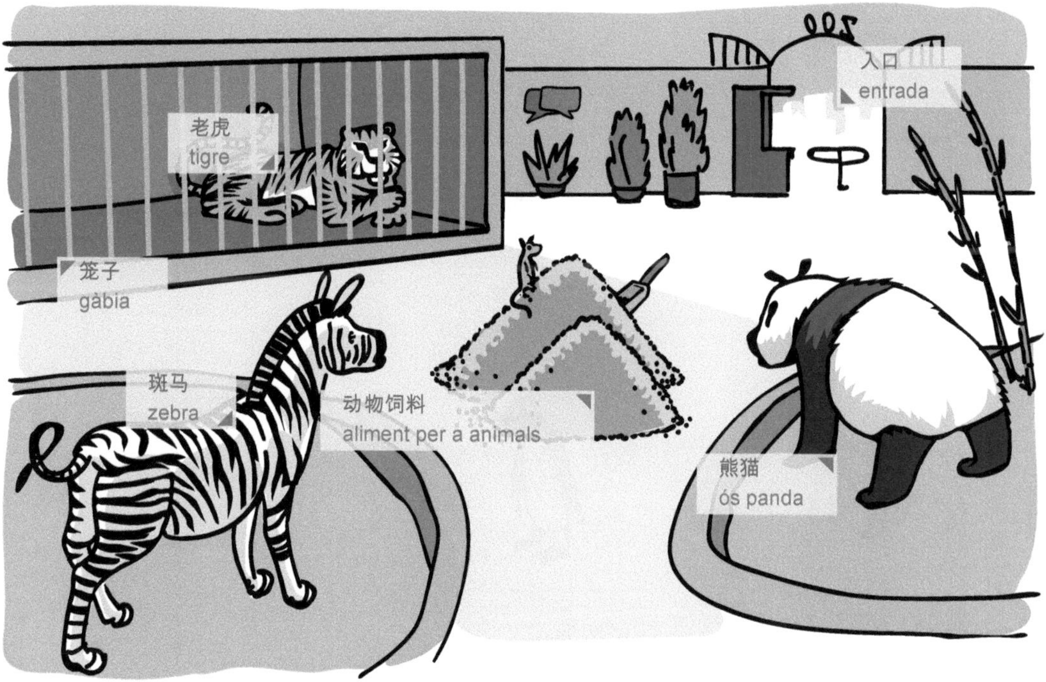

入口
▶ entrada

老虎
tigre

▶ 笼子
gàbia

斑马
zebra

动物饲料
aliment per a animals

熊猫
ós panda

动物

animals

大象

elefant

袋鼠

cangurú

犀牛

rinoceront

大猩猩

goril·la

熊

ós

骆驼

camell

鸵鸟

estruç

狮子

lleó

猴子

simi

火烈鸟

flamenc

鹦鹉

papagai

北极熊

ós polar

企鹅

pingüí

鲨鱼

ca mari

孔雀

paó

蛇

serp

鳄鱼

cocodril

动物园管理员

guardià del zoo

海豹

foca

美洲豹

jaguar

矮种马

poni

豹

lleopard

河马

hipopòtam

长颈鹿

girafa

老鹰

àliga

野猪

senglar

鱼

peix

龟

tortuga

海象

morsa

狐狸

guineu

羚羊

gasela

动物园 - zoo

橄榄球
futbol americà

骑自行车
ciclisme

网球
tenis

篮球
bàsquet

游泳
natació

拳击
boxa

冰球
hoquei sobre gel

英式足球
futbol americà

羽毛球
bàdminton

田径
atletisme

手球
handbol

滑雪
esquí

马球
polo

笑
riure

跳
saltar

拥抱
abraçar

走路
anar

唱
cantar

做梦
somiar

祈祷
pregar

亲吻
fer un petó

书写
escriure

画
dibuixar

展示
mostrar

推
pitjar

给
donar

拿
prendre

有

tenir

做

fer

当

ésser

站

estar dret

跑

córrer

拉

estirar

扔

llançar

摔倒

caure

躺

jeure

等待

esperar

携带

portar

坐

asseure's

穿衣

vestir-se

睡觉

dormir

醒来

despertar-se

看
mirar

哭
plorar

抚摸
amoixar

梳头
pentinar

交谈
parlar

明白
comprendre

问
demanar

听
escoltar

喝
beure

吃
menjar

清理
endreçar

爱
estimar

做饭
cuinar

开车
conduir

飞
volar

航行

navegar

计算

calcular

读

llegir

学习

aprendre

工作

treballar

结婚

casar-se

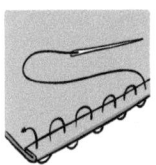

缝

cosir

刷牙

raspallar-se les dents

杀

matar

抽烟

fumar

寄

enviar

祖母
àvia

祖父
avi

父亲
pare

母亲
mare

婴童
nadó

女儿
filla

儿子
fill

客人
convidat

阿姨
tia

叔叔
oncle

兄弟
germà

姐妹
germana

身体

cos

前额
front
眼睛
ull
肩膀
espatlla
手指
dit
脸
cara
下巴
barbeta
手
mà
腿
cama
乳房
pit
手臂
braç

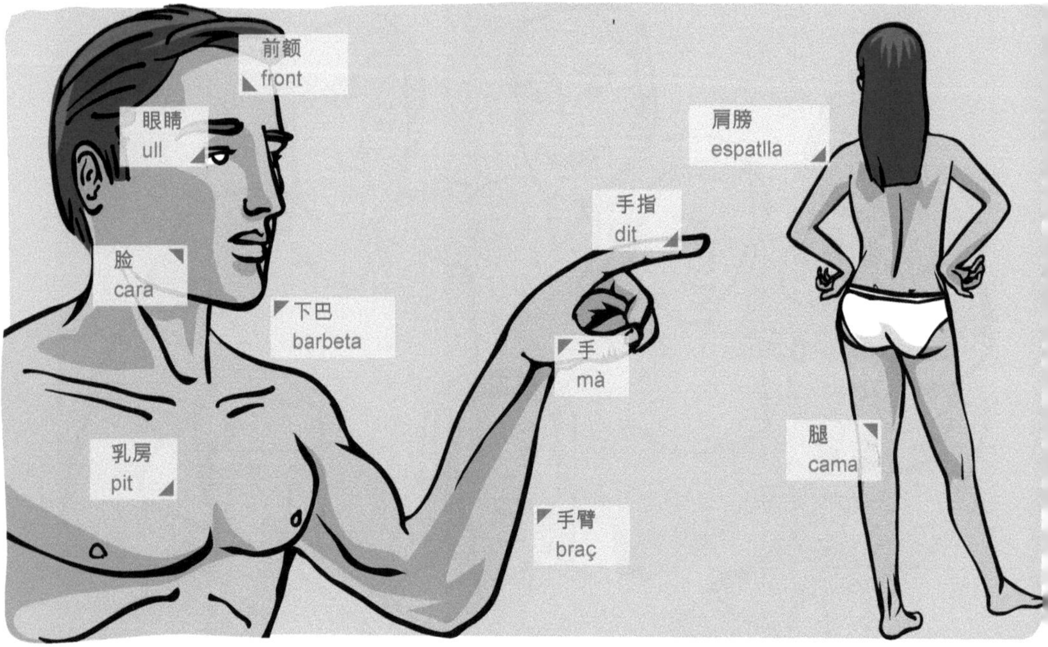

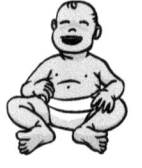

婴童

nadó

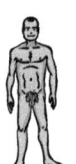

男人

home

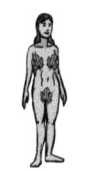

女人

dona

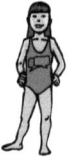

女孩

noia

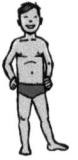

男孩

noi

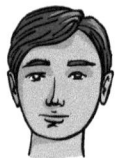

头

cap

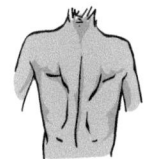

背部

esquena

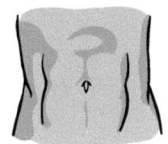

肚子

panxa

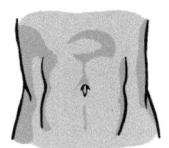

肚脐

melic

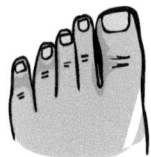

脚趾

dit gros del peu

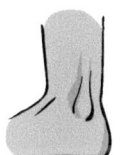

脚后跟

taló

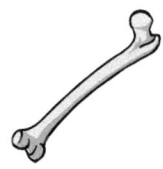

骨头

os

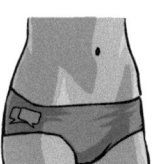

臀部

maluc

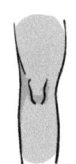

膝盖

genoll

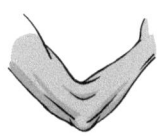

手肘

colze

鼻子

nas

屁股

cul

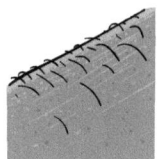

皮肤

pell

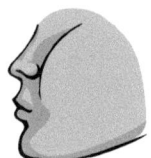

脸颊

galta

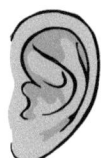

耳朵

orella

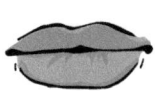

嘴唇

llavi

身体 - cos

嘴
boca

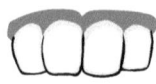

牙齿
dent

舌头
llengua

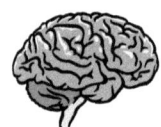

脑
cervell

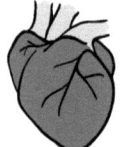

心脏
cor

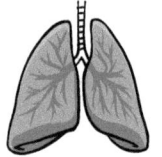

肌肉
múscul

肺
pulmó

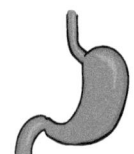

肝脏
fetge

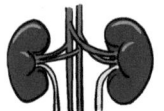

胃
estómac

肾脏
ronyó

性交
relació sexual

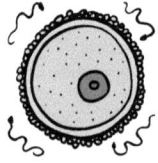

避孕套
preservatiu

卵子
ovari

精子
semen

怀孕
prenyat

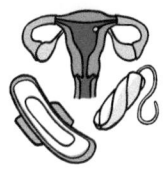

月经

menstruació

阴道

vagina

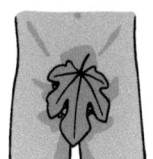

阴茎

penis

眉毛

cella

头发

cabells

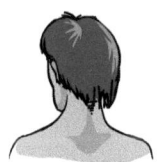

脖子

coll

身体 - cos

医院
hospital

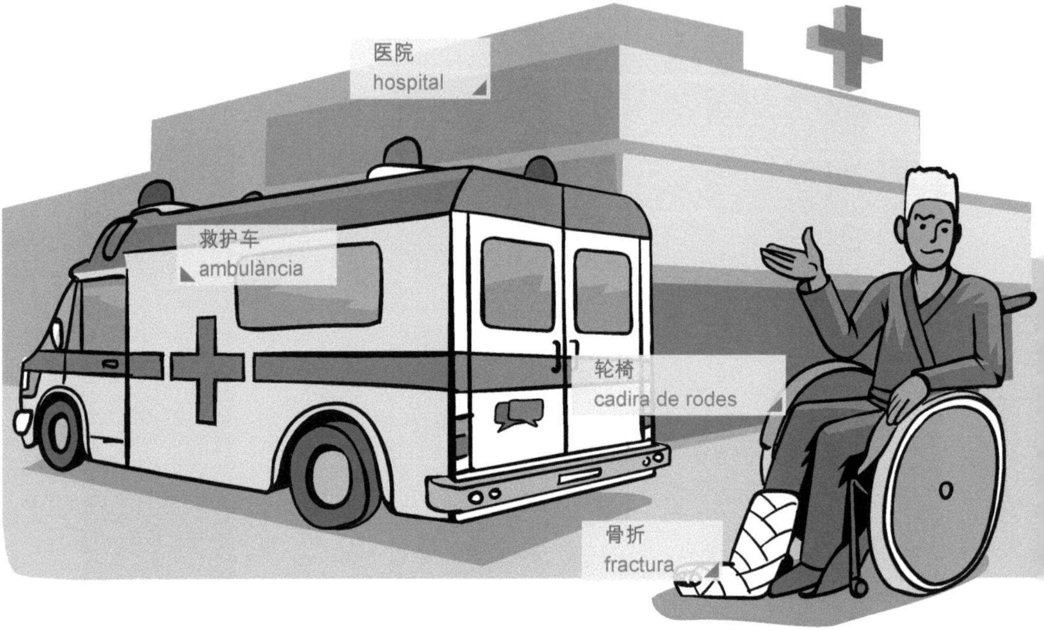

医院
hospital
救护车
ambulància
轮椅
cadira de rodes
骨折
fractura

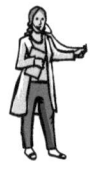

医生
doctora

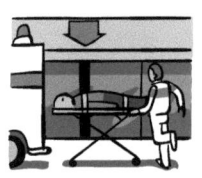

急诊室
sala d'urgències

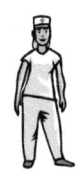

护士
infermera

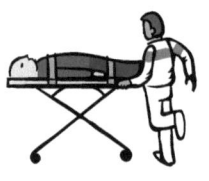

紧急情况
urgència

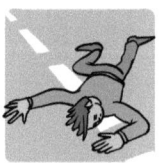

昏迷
inconscient

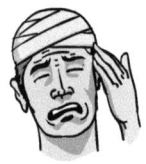

痛
dolor

受伤

ferida

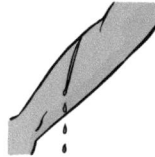

出血

sagnament

心脏病发作

atac de cor

中风

apoplexia

过敏

al·lèrgia

咳嗽

tos

发烧

febre

流感

gripa

腹泻

diarrea

头痛

mal de cap

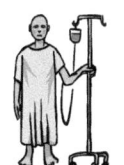

癌症

càncer

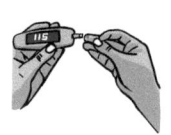

糖尿病

diabetis

外科医生

cirurgià

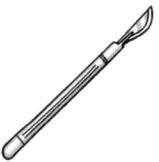

手术刀

escalpel

手术

operació

CT

tomografia computada (TC),
TAC

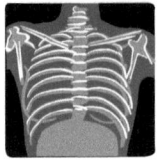

X光

raigs x

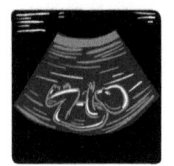

超声波

ultrasò

口罩

mascareta

疾病

malaltia

候诊室

sala d'espera

拐杖

crossa

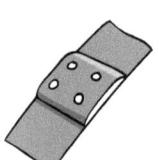

石膏

tireta

绷带

embenat

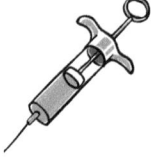

注射

injecció

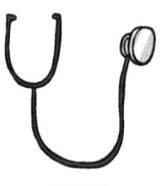

听诊器

estetoscopi

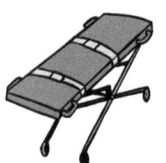

担架

llitera

体温计

termòmetre clínic

出生

pariment

超重

sobrepès

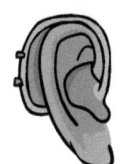

助听器

aparell auditiu

消毒液

desinfectant

感染

infecció

病毒

virus

艾滋病

VIH / SIDA

药物

medicina

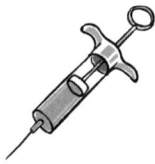

接种疫苗

vaccí

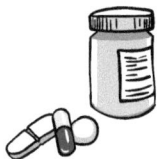

药片

comprimits

药丸

píl·lola

急救电话

trucada d'urgència

血压计

tensiòmetre

生病/健康

malalt / sà

救命！

Socors!

警报

alarma

突击

assalt

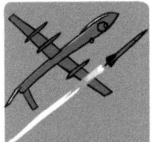

攻击

atac

危险

perill

紧急出口

sortida-eixida d'urgència

着火啦！

Foc!

灭火器

extintor

意外

accident

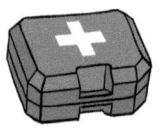

急救箱

farmaciola de primers
auxilis

呼救信号

SOS

警察

policia

欧洲

Europa

北美洲

Amèrica del Nord

南美洲

Amèrica del Sud

非洲

Àfrica

亚洲

Àsia

澳洲

Austràlia

大西洋

Atlàntic

太平洋

Pacífic

印度洋

Oceà Índic

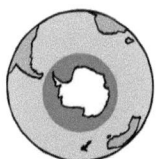

南冰洋

Oceà Antàrtic

北冰洋

Oceà Àrtic

北极

pol nord

南极

pol sud

南极洲

Antàrtida

地球

terra

陆地

país

海

mar

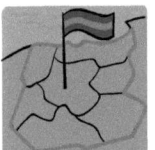

岛

illa

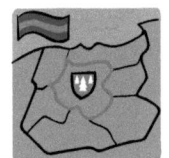

国家

nació

国家

estat

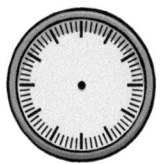

钟面

quadrant

时针

agulla de les hores

分针

agulla dels minuts

秒针

agulla dels segons

现在几点？

Quina hora és?

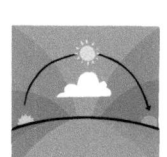

天

dia

时间

temps

现在

ara

电子表

rellotge digital

分

minut

时

hora

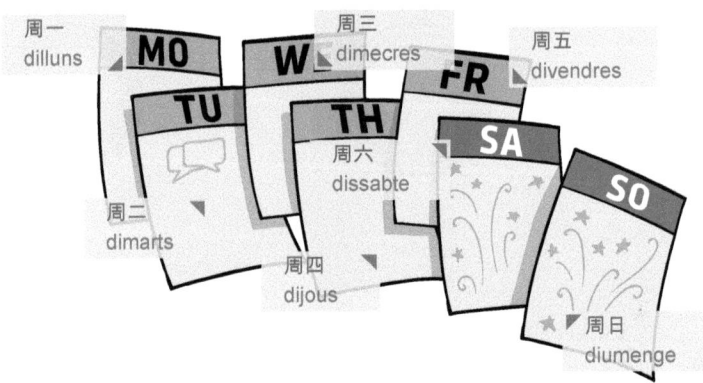

周一 dilluns
周三 dimecres
周五 divendres
周二 dimarts
周六 dissabte
周四 dijous
周日 diumenge

昨天

ahir

今天

avui

明天

demà

早晨

matí

中午

migdia

晚上

tarda

工作日

dia feiner

周末

cap de setmana

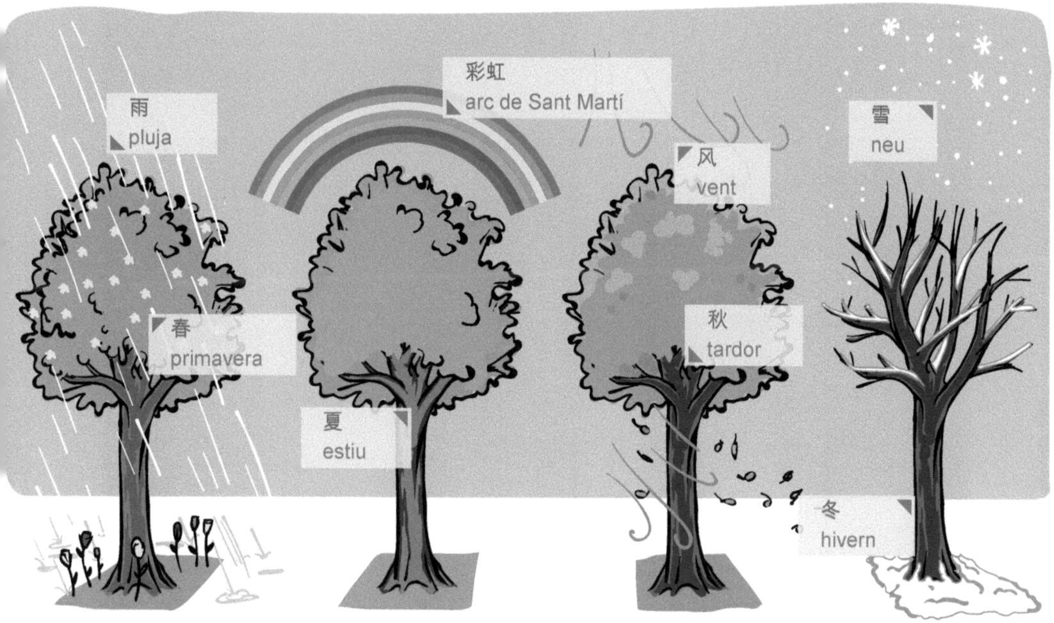

雨
▶ pluja

彩虹
▶ arc de Sant Martí

风
▶ vent

雪
◀ neu

春
◀ primavera

秋
◀ tardor

夏
estiu

冬
hivern

天气预报

pronòstic del temps

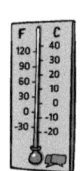

温度计

termòmetre

阳光

llum del sol

云

núvol

雾

boira

潮湿

humiditat de l'aire

闪电

llamp

打雷

tro

风暴

tempesta

冰雹

calamarsa

季风

monsó

洪水

inundació

冰

gel

一月

gener

二月

febrer

三月

març

四月

abril

五月

maig

六月

juny

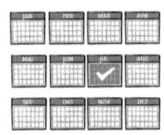

七月

juliol

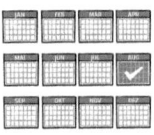

八月

agost

年 - any

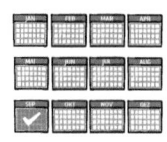

九 月
....
setembre

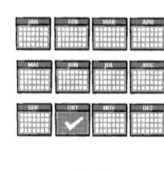

十 月
....
octubre

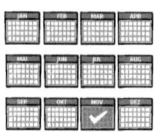

十 一 月
....
novembre

十 二 月
....
desembre

形状

formes

圆形
....
cercle

正方形
....
quadrat

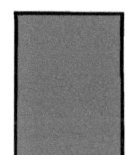

长方形
....
rectangle

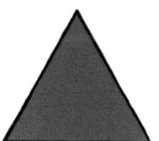

三角形
....
triangle

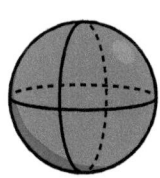

球体
....
esfera

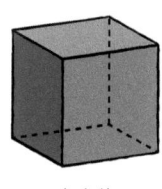

立方体
....
cub

白
....
blanc

黄
....
groc

橙
....
taronja

粉
....
rosa

红
....
vermell

紫
....
lila

蓝
....
blau

绿
....
verd

棕
....
marró

灰
....
gris

黑
....
negre

很多/少许

molt / poc

生气/平静

emprenyat / tranquil

美/丑

bonic / lleig

首/尾

començament / fi

大/小

gran / petit

明/暗

clar / fosc

兄弟/姐妹

germà / germana

干净/肮脏

net / brut

完整/缺失

complet / incomplet

白天/晚上

dia / nit

死/生

mort / viu

宽/窄

ample / estret

可食用/非食用

comestible / immenjable

邪恶/善良

dolent / amable

兴奋/无聊

entusiasmat / entediat

胖/瘦

gros / prim

第一/最后

primer / darrer

朋友/敌人

amic / enemic

满/空

ple / buit

硬/软

dur / tou

重/轻

pesant / lleuger

饿/渴

gana / set

生病/健康

malalt / sà

非法/合法

il·legal / legal

聪明/愚笨

intel·ligent / ximple

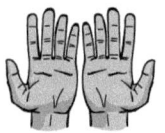

左/右

esquerra / dreta

近/远

prop / llunyà

新/旧
nou / usat

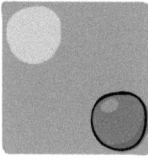

没有/有些
res / quelcom

老/幼
vell / jove

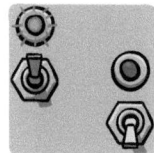

开/关
encès / apagat

打开/合上
obert / tancat

安静/吵闹
silenciós / sorollós

富/穷
ric / pobre

对/错
correcte / incorrecte

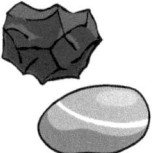

粗糙/光滑
aspre / suau

伤心/高兴
trist / content

短/长
curt / llarg

慢/快
lent / ràpid

湿/干
humit / sec - eixut

温暖/凉爽
calent / fred

战争/和平
guerra / pau

0

零

zero

1

一

u

2

二

dos

3

三

tres

4

四

quatre

5

五

cinc

6

六

sis

7

七

set

8

八

vuit

9

九

nou

10

十

deu

11

十一

onze

12
十二
dotze

13
十三
tretze

14
十四
catorze

15
十五
quinze

16
十六
setze

17
十七
disset

18
十八
divuit

19
十九
dinou

20
二十
vint

100
百
cent

1.000
千
mil

1.000.000
百万
milió

英语

anglès

美式英语

anglès americà

普通话

xinès mandarí

印地语

hindi

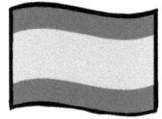

西班牙语

espanyol

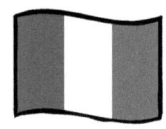

法语

francès

阿拉伯语

àrab

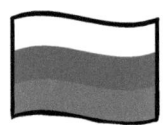

俄语

rus

葡萄牙语

portuguès

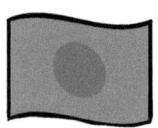

孟加拉语

bengalí

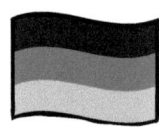

德语

alemany

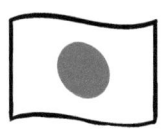

日语

japonès

我
jo

你
tu

他/她/它
ell / ella / allò

我们
nosaltres

你们
vosaltres

他们
ells

谁？
qui?

什么？
què?

怎样？
com?

哪里？
on?

什么时候？
quan?

名字
nom

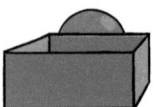

后面

darrere

里面

en

前面

davant de

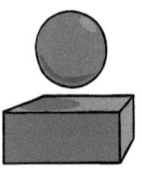

上方

damunt

上面

sobre

下面

sota

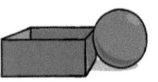

旁边

al costat

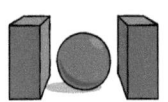

中间

entre

地点

lloc